NAME	COMMENT

NAME	COMMENT

NAME | COMMENT

NAME	COMMENT

NAME

COMMENT

NAME	COMMENT

NAME

COMMENT

NAME	COMMENT

NAME

COMMENT

NAME	COMMENT

NAME

COMMENT

NAME	COMMENT

NAME	COMMENT

NAME	COMMENT

NAME	COMMENT

NAME	COMMENT

NAME

COMMENT

NAME	COMMENT

NAME	COMMENT

NAME	COMMENT

NAME	COMMENT

NAME	COMMENT

NAME	COMMENT

NAME	COMMENT

NAME	COMMENT

NAME	COMMENT

NAME	COMMENT

NAME	COMMENT

NAME

COMMENT

NAME	COMMENT

NAME

COMMENT

NAME	COMMENT

NAME	COMMENT

NAME	COMMENT

NAME

COMMENT

NAME	COMMENT

NAME	COMMENT

NAME	COMMENT

NAME	COMMENT

NAME	COMMENT

NAME	COMMENT

NAME	COMMENT

NAME	COMMENT

NAME	COMMENT

NAME	COMMENT

NAME	COMMENT

NAME	COMMENT

NAME	COMMENT

NAME	COMMENT

NAME	COMMENT

NAME	COMMENT

NAME	COMMENT

NAME	COMMENT

NAME	COMMENT

NAME | COMMENT

NAME	COMMENT

NAME

COMMENT

NAME	COMMENT

NAME COMMENT

NAME	COMMENT

NAME

COMMENT

NAME	COMMENT

NAME	COMMENT

NAME	COMMENT

NAME	COMMENT

NAME	COMMENT

NAME

COMMENT

NAME	COMMENT

NAME	COMMENT

NAME	COMMENT